41 Ricette per la prevenzione dell'Alzheimer: riduci il rischio di sviluppare l'Alzheimer in modo naturale!

Di

Joe Correa CSN

DIRITTO D'AUTORE

© 2016 Stronger Faster Inc.

Tutti i diritti riservati

La riproduzione o la traduzione di qualsiasi parte di questo lavoro al di là di quanto consentito dalla sezione 107 o 108 degli Stati Uniti Copyright 1976 senza il permesso del proprietario del copyright è illegale.

Questa pubblicazione è stata progettata per fornire informazioni accurate e autorevoli per quanto riguarda la materia disciplinata. Viene venduto con la consapevolezza che né l'autore né l'editore si impegnano a fornire consulenza medica. Se è necessario, consultare uno specialista. Questo libro è considerato una guida e non deve essere usato in alcun modo potenzialmente dannoso per la salute. Consultare un medico prima di iniziare questo piano nutrizionale per assicurarsi che sia adatto al caso.

RINGRAZIAMENTI

Questo libro è dedicato ai miei amici e parenti che hanno avuto malattie lievi o gravi e che mi hanno permesso di trovare una soluzione e apportare le modifiche necessarie alle loro vite.

41 Ricette per la prevenzione dell'Alzheimer: riduci il rischio di sviluppare l'Alzheimer in modo naturale!

Di

Joe Correa CSN

CONTENUTO

Diritto d'autore

Ringraziamenti

Cenni sull'autore

Introduzione

41 Ricette per la prevenzione dell'Alzheimer: riduci il rischio di sviluppare l'Alzheimer in modo naturale!

Altri titoli di questo autore

CENNI SULL'AUTORE

Dopo anni di ricerca, credo onestamente negli effetti positivi che una corretta alimentazione può avere su tutto il corpo e sulla mente. La mia conoscenza ed esperienza mi hanno aiutato a vivere in modo più sano nel corso degli anni e ho condiviso questo metodo con la famiglia e gli amici. Quanto più si sa di mangiare e bere sano, tanto prima si vorranno cambiare gli stili di vita e le abitudini alimentari.

La nutrizione è una parte fondamentale nel processo di mantenersi in buona salute e vivere più a lungo, quindi meglio iniziare da subito. Il primo passo è il più importante e il più significativo.

INTRODUZIONE

41 Ricette per la prevenzione dell'Alzheimer: riduci il rischio di sviluppare l'Alzheimer in modo naturale!

Di Joe Correa CSN

La malattia di Alzheimer è una malattia devastante del cervello. L'Alzheimer inizia come una semplice dimenticanza. Gradualmente, nel tempo, la malattia può distruggere la capacità di linguaggio e la comprensione, oltre a causare irrequietezza e sbalzi d'umore drammatici. Anche se questo è difficile per i propri cari, questi sintomi sono più difficili per il paziente. Tuttavia, con la giusta dieta l'insorgenza dell'Alzheimer può essere ritardato e il rischio di contrarre la malattia decisamente ridotto.

Il cambiamento di dieta è semplice. Va aumentato il consumo di Omega-3, Vitamine A, B, C, E e K, e alimenti ricchi di folati, Fosforo, Magnesio e Selenio. Questi alimenti sono noci, semi, verdure a foglia verde, e pesce. Molte spezie, come curry e curcuma contengono molte di queste vitamine essenziali permettendo al cibo di insaporirsi notevolmente. Utilizza queste ricette per ridurre il rischio di contrarre l'Alzheimer e come guida per una dieta più sana e un diverso stile di vita.

41 RICETTE PER LA PREVENZIONE DELL'ALZHEIMER: RIDUCI IL RISCHIO DI SVILUPPARE L'ALZHEIMER IN MODO NATURALE!

1. Zucchine stufate deliziose

Ricche di Magnesio e altre vitamine e minerali essenziali, queste zucchine ripiene aiutano la conservazione della memoria. Il corpo usa il Magnesio in oltre 300 modi diversi, di cui 50 nel cervello. Alimenti come queste zucchine permettono plasticità neurale, prevengono i danni cerebrali e migliorano la memoria.

Ingredienti:

- 2 zucchine medie
- 1 libbra di carne macinata magra
- 2 cucchiai di olio di sesamo
- 2 tazze di cavolo cinese, triturato
- 1 cucchiaino di zenzero in polvere
- 1 spicchio d'aglio, tritato
- 1/2 cucchiaino di pepe nero
- 1/8 cucchiaino di sale kosher o marino
- 2 cucchiai di hoisin

- 4 cipolle verdi, a dadini
- 1 cucchiaio di coriandolo fresco tritato

Preparazione:

Preriscaldare il forno a 375 gradi F.

Rimuovere la buccia dalle zucchine e tagliare ogni a metà in verticale. Eliminare i semi, e creare una barchetta. Gettare i semi e mettere da parte le zucchine.

Cuocere la carne macinata a fuoco medio-alto, rompendola durante la cottura. Cuocere fino a quando la carne perde il suo colore rosa e risulta cotta. Scolare il grasso.

In una padella a parte, scaldare l'olio di sesamo. A fuoco medio, aggiunger cavolo, zenzero, aglio, pepe, sale, salsa hoisin, e la metà della cipolla verde. Cuocere fino a quando il cavolo appassisce. Aggiungere la carne e mescolare con cura.

Distribuire uniformemente il composto nelle zucchine. Cuocere su una carta da forno in una teglia per 10 minuti o fino a doratura.

Togliere dal forno e cospargere con la cipolla rimanente a dadini e coriandolo fresco tritato.

Calorie totali: 320

Vitamine: Vitamina A 111µg, Vitamina B-6 0.5mg, Vitamina B-12 0.3µg, Vitamina C 31mg, Vitamina K 56µg,

Minerali: Calcio 121mg, Ferro 2mg, Potassio 773mg, Magnesio 80mg, Niacina 4 mg, Fosforo 243mg, Riboflavina 0,3 mg, Selenio 21µg, Tiamina 0.5mg, Zinco 3mg

Zuccheri 1.7g

2. Fagioli neri con riso

La combinazione di fagioli neri e riso producono una proteina completa. Una proteina completa contiene tutti i nove amminoacidi, e impedisce il restringimento del cervello. Questa semplice ricetta ti terrà sazio, garantendo nel contempo una moltitudine di nutrizione e non mancherà di mantenere il cervello sano e forte!

Ingredienti:

- 1/2 chilo di manzo magro
- 1/2 tazza di fagioli cotti neri
- 1 tazza di salsa, preferibilmente fatta in casa
- 2 tazze di riso a grani lunghi, cotto
- 1/4 tazza di formaggio cheddar tagliuzzato
- 1 cucchiaio di coriandolo fresco tritato

Preparazione:

In una grande padella antiaderente, far cuocere la carne macinata fino a cottura, spezzettandola mentre cuoce. Scaricare l'eventuale grasso in eccesso. Aggiungere i fagioli e la salsa, lasciar sobbollire fino a quando i fagioli sono caldi. Aggiungere il riso cotto. Lasciar cuocere finché si addensa e la salsa perde parte dell'acqua.

Togliere dal fuoco e cospargere di formaggio cheddar. Spolverare, a piacere, con coriandolo tritato.

Calorie totali: 263

Vitamine: Vitamina A 25µg, B-6, 0,4 mg B-12 1.4µg,

Minerali: Rame 218 mg, Ferro 2mg, Magnesio 71mg, Niacina 5 mg, Fosforo 245mg, Selenio 20 mcg, 4 mg di Zinco

Zuccheri 2g

3. Lasagne vegetali a pranzo

Una varietà di verdure fanno di queste lasagne un antipasto ricco di vitamine e minerali per mantenere il tuo cervello attivo. Ogni rotolo è la porzione ideale per una cena o per un pasto individuale, ma anche per il classico pranzo domenicale in famiglia.

Ingredienti:

- 1 (24 once) salsa marinata, preferibilmente fatta in casa
- 1 cucchiaio di olio d'oliva
- 1 cipolla gialla media, affettata
- 1 1/2 tazze di broccoli, tritati
- 1 tazza di funghi, tritati
- Sale Kosher o marino qb
- 2 spicchi d'aglio, tritati
- 1 tazze di cavolo, tritato
- 1 1/2 tazza di ricotta
- 1 1/2 tazza di mozzarella a pezzetti
- 1 albume d'uovo
- 1 cucchiaino di origano fresco, tritato
- 1 cucchiaino di basilico fresco, tritato

- 1/2 cucchiaino di pepe nero
- 12 lasagne di grano cotte
- 1/4 tazza di parmigiano grattugiato

Preparazione:

Preriscaldare il forno a 425 gradi F. Ungere una casseruola di circa 13"x 9"x 2" con spray antiaderente e diffondere 1 1/4 tazze di marinata sul fondo del piatto.

In una padella capiente, aggiungere l'olio e scaldare a fuoco medio-basso. Soffriggere la cipolla fino a quando le cipolle sono morbide e cominciano a scurirsi. Aggiungere i broccoli, i funghi, e un pizzico di sale. Quando i funghi inizieranno a rilasciare acqua, cuocere fino a farla evaporare, circa 2 o 3 minuti. Aggiungere l'aglio e il cavolo, soffriggere fino a quando il cavolo è appassito, circa 3 minuti. Togliere dal fuoco e lasciar raffreddare.

In una grande ciotola, unire la ricotta, 1 tazza di mozzarella, albume d'uovo, origano, basilico e pepe.

Su una superficie di lavoro foderata di carta forno, disporre le lasagne, aggiungere ¼ del mix al formaggio, distribuito in modo uniforme per coprire le tagliatelle. Sopra al formaggio, distribuire 1/4 di verdure cotte. Iniziare a rotolare la pasta dal lato più vicino. Posizionare i rotoli di lasagne lateralmente, iniziando dal fondo, nella casseruola unta. Distribuire 1 tazza di marinata sui rotoli, cospargere con la rimanente mozzarella e parmigiano.

Coprire con un foglio di alluminio e cuocere 20 minuti, o fino a quando il formaggio è caldo e frizzante. Se lo si desidera, servire dei crostini con ulteriore marinata riscaldata.

Calorie totali: 532

Vitamine: Vitamina A 413µg, B-6 0.6mg, B-12 1.4µg, Vitamina C 76mg, Vitamina K 300µg

Minerali: Rame 850 mg, 4 mg di Ferro, Magnesio 97mg, Niacina 9 mg, Fosforo 599mg, Selenio 46µg, 4 mg di Zinco

Zuccheri 12g

4. Panino di pollo e broccoli

Con tante vitamine C e K, questa facile cena aiuta ad aumentare l'energia, a ridurre il rischio di ictus, e a migliorare la memoria! I broccoli fanno di questo panino un potente anti-ossidante e un ricco entrée per chiunque.

Ingredienti:

- 4 tazze di cimette di broccoli
- 4 cucchiai di acqua
- 2 petto di pollo ruspante disossato e senza pelle
- 1 spicchio d'aglio, schiacciato e tritato
- 1/2 cucchiaino di timo secco
- 1/4 cucchiaino di rosmarino in polvere
- 1/2 cucchiaino di salvia in polvere
- Sale kosher
- Pepe nero macinato

Preparazione:

Preriscaldare il forno a 375 gradi F.

Ungere leggermente la teglia da forno con spray antiaderente. Mettere i broccoli in modo uniforme sulla teglia e l'acqua a pioggerella sopra i broccoli.

In cima ai broccoli, posizionare il petto di pollo. Cospargere i rimanenti ingredienti sulla carne.

Cuocere 15-20 minuti fino a che il pollo raggiunge una temperatura interna di 165 gradi e non rimane rosa.

Calorie totali: 178

Vitamine: B-6 1 mg, Vitamina C 96mg, Vitamina K 118µg

Minerali: 664mg di Potassio, Niacina 9 mg, Fosforo 271mg, Selenio 31µg

Zuccheri 0g

5. Caprese e funghi Portobello

Ad alto contenuto di Vitamina E, questo fungo Portobello ripieno è il protettore del cervello. Il più potente di tutti gli amminoacidi, la Vitamina E consente a corpo e cervello di tornare alla normalità e protegge il corpo e il cervello dallo stress, fornendo energia.

Ingredienti:

- 3 cucchiaio di olio extra vergine di oliva, divisi
- 1 spicchio d'aglio, tritato
- 2 grandi funghi Portobello, steli e interni rimossi
- Sale kosher
- 1/2 tazza di spinaci
- 1 tazza di pomodoro, tagliato a cubetti
- 2 once di mozzarella light
- 2 cucchiaini di aceto balsamico
- 1 cucchiaio di basilico fresco tritato

Preparazione:

Preriscaldare il forno a 350 gradi F.

Unire due cucchiai di olio d'oliva e aglio. Spennellare dentro e fuori i funghi Portobello, cospargere di sale.

In padella, scaldare il residuo olio d'oliva a fuoco medio. Soffriggere gli spinaci fino a farli appassire. Versare a cucchiaiate gli spinaci in ogni fungo. Cospargere con dadini di pomodoro seguito da mozzarella.

Mettere i funghi riempiti su carta da forno spruzzata con spray da cucina antiaderente. Cuocere per 15-20 minuti fino a quando il formaggio è fuso e comincia a bollire. I funghi devono essere morbidi. Condire con aceto balsamico e cospargere con il basilico tritato.

Calorie totali: 310

Vitamine: Vitamina D 9µg, Vitamina E 4mg, Vitamina K 62µg

Minerali: Fosforo 223mg, Selenio 21µg, 5 mg Niacina

Zuccheri 6g

6. Hamburger di tacchino con avocado

L'avocado contiene la giusta combinazione di grassi sani e vitamine per favorire e migliorare la funzione cognitiva del cervello, incluse memoria e concentrazione. Sostiene il flusso di sangue, contribuisce a migliorare il colesterolo e può prevenire l'ictus. Assaggia questo hamburger di tacchino succoso, con un gusto di avocado fresco, non solo cremoso e delizioso, ma un cibo per il cervello sano!

Ingredienti:

- 6 once di tacchino
- Un pizzico di pepe di Caienna (di più se piace il piccante)
- 1/4 cucchiaino di paprika in polvere
- Sale kosher
- 1/2 avocado
- 2 cucchiai di cipolla, tritata
- 1 cucchiaio di jalapeno, tritato
- 2 cucchiaini di succo di lime fresco
- 1 cucchiaio di coriandolo fresco tritato
- 1 panino per hamburger di grano intero
- 1 fetta di formaggio jack Monterey
- 1/4 tazza di rucola fresca

Preparazione:

Scaldare la griglia a fuoco medio basso.

In una piccola ciotola, mescolare leggermente tacchino, pepe di Caienna, paprika e sale. Formare un tortino di non più di 3/4 pollici di spessore. Premere con il pollice nel centro per non far gonfiare l'hamburger nel mezzo. Ungere ogni lato dell'hamburger con spray antiaderente. Mettere sulla griglia e grigliare ogni lato per circa 6 minuti o fino a quando non perde il rosa, ma rimane poco cotto al centro.

Per il gusto di avocado, schiacciare leggermente la polpa. L'avocado dovrebbe essere cremoso ma leggermente grumoso. Aggiungere cipolla, jalapeno, succo di lime, e coriandolo. Mescolare con cura.

Per assemblare, mettere l'hamburger sul panino. Cospargere con formaggio, avocado e rucola. Servire.

Calorie totali: 304

Vitamine: Vitamina B6 .4mg, Vitamina B12 1 ug

Minerali: Fosforo 280mg, Selenio 32µg, Niacina 6mg, Zinco 3mg, Riboflavina 0,3 mg

Zuccheri 3g

7. Insalata di salmone super verde

La combinazione di verdure croccanti con salmone creare la perfetta combinazione di Omega 3 e vitamine del gruppo B per favorire la migliore funzione del cervello possibile. Le vitamine del gruppo B mantengono la memoria forte e i nervi protetti mentre gli Omega 3 consentono al cervello di rimanere giovane e felice!

Ingredienti:

- 1/4 di tazza di miele
- 1 cucchiaio di senape di grano intero
- 1 cucchiai di senape di Digione
- 1 cucchiaio di olio extravergine di oliva
- 1 spicchio d'aglio, tritato
- 2 (4 oz) porzioni di salmone senza pelle
- 1/2 tazza di lattuga romana, tritata grossolanamente
- 1/2 tazza di cavolo, tritato grossolanamente
- 1/2 tazza di spinaci
- 1/2 tazza di rucola
- 1/2 grande pomodoro, tagliato a spicchi
- 1/2 grande avocado, snocciolato e tagliato a strisce
- 2 cucchiai di chicchi di mais

- 2 cucchiai di cipolla, tagliata a strisce sottili
- 2 strisce di pancetta magra di tacchino, cotta e tritata

Preparazione:

Sbattere insieme il miele, la senape di grano, la senape di Digione, e l'aglio insieme. Versare metà in un piatto fondo con le porzioni di salmone. Marinare per due ore. Mettete in frigo la restante metà da utilizzare come condimento per l'insalata.

Ungere leggermente una padella antiaderente con spray e scaldare a fuoco medio. Soffriggere il salmone fino a cottura completa.

In una grande ciotola, mescolare insieme lattuga, cavoli, spinaci e rucola in quantità desiderata. Separare nelle ciotole. Cospargere con pomodoro, avocado, mais, cipolla, pancetta e pollo cotto. Condire con del condimento aggiuntivo se lo si desidera.

Calorie totali: 416

Vitamine: Vitamina A 138μg, Vitamina B6 0.6mg, Vitamina B12 2.6μg, Vitamina D 8μg, Vitamina K 87μg, Folato 107μg

Minerali: Potassio 980mg, Magnesio 76mg, Fosforo 380mg, Selenio 56μg, Niacina 10 mg

Zuccheri 3g

8. Pacchetti di gamberi e spinaci

Mentre le spezie aggiungono una profondità al sapore di questo facile piatto di gamberetti, i crostacei e gli spinaci aggiungono omega 3 e vitamine essenziali. Questi forniscono un maggiore afflusso di sangue, fornendo più ossigeno al cervello; promuovono memoria e concentrazione. L'astaxantina che si trova nei gamberetti riduce il rischio di malattia infiammatoria del cervello.

Ingredienti:

- 1/2 cucchiaino di aglio in polvere
- 1/2 cucchiaino di paprika affumicata
- 1/4 cucchiaino di pepe di Caienna
- 1/2 cucchiaino di origano secco
- 1/4 cucchiaino di timo in polvere
- 1/4 cucchiaino di sale kosher
- 2 chili di gamberetti selvatici pescati, sgusciati e puliti
- 2 tazze di spinaci baby
- 1 cipolla gialla media, tagliata in quarti
- 2 grossi pomodori, tagliati in quarti
- 1 libbra di patate rosse, dimezzate
- 2 cucchiai di olio d'oliva

- 1/2 tazza di acqua
- 4 salsicce di tacchino
- 2 cucchiai di prezzemolo fresco, tritato

Preparazione:

Preriscaldare il forno a 425 gradi F.

Unire aglio, paprika, pepe di cayenna, origano, timo, e sale. Mescolare bene e mettere da parte.

Tagliare la salsiccia di tacchino in pezzi, ciascuna lunga circa 1 pollice.

Tagliare quattro fogli di stagnola, di circa 12 pollici di lunghezza. Dividere salsicce, gamberi, spinaci, cipolla, pomodori e patate in 4 parti uguali e aggiungerli al centro di ogni lamina in un unico strato.

Ripiegare tutti i 4 lati di ogni pacchetto di stagnola.

Cospargere l'olio d'oliva uniformemente sopra la carne e mescolare delicatamente per amalgamare. Dividere l'acqua tra i quattro pacchetti, circa 2 cucchiai per confezione. Piegare i lati del foglio sopra i gamberetti, coprendoli completamente e sigillare i pacchetti. Posizionare i pacchetti di pellicola su carta da forno e cuocere per circa 12-15 minuti. Prima di aprirli, tagliare delle fessure nella confezione per permettere al vapore di fuoriuscire. Aprire attentamente, guarnire con prezzemolo e servire.

OPZIONE: Invece di cuocere alla griglia si possono posizionare i pacchetti di stagnola chiusi direttamente sul grill, cucinando a fuoco medio basso per circa 15 minuti.

Calorie totali: 229

Vitamine: Vitamina A 178µg, Vitamina B6 0,4 mg, Vitamina B12 1.5µg, Vitamina C 26mg, Vitamina K 113µg

Minerali: Fosforo 365mg, Selenio 54µg, Magnesio 32mg

Zuccheri 4g

9. Insalata di mirtilli e pollo alla griglia

Di tutte le bacche, i mirtilli sono i più vantaggiosi. Se uniti a lamponi e fragole, come in questa insalata estiva fresca, i nutrienti combinati possono rallentare la progressione della degenerazione del cervello legata all'età, migliorando l'apprendimento, la memoria e le capacità motorie.

Ingredienti:

- 1/4 tazza di aceto di sidro di mele
- 2 cucchiai di miele
- 1/2 tazza di mirtilli
- 1/4 tazza di olio d'oliva
- 1/4 tazza di lamponi
- 1/4 tazza di fragole, dimezzate
- 1/2 tazza di noci pecan, tritate
- 1 tazza di lattuga romana, tritata
- 1 tazza di spinaci baby
- 1 tazza di rucola
- 2 tazze di petto di pollo cotto, tagliato a cubetti

Preparazione:

In un frullatore, unire aceto, miele, e 1/4 tazza di mirtilli. Amalgamare bene, aggiungere lentamente l'olio d'oliva fino a quando la miscela avrà la consistenza del condimento per l'insalata - mettere da parte.

In una grande ciotola, unire gli altri ingredienti. Condire con qualche cucchiaio di condimento al mirtillo, spargendolo leggermente.

Separare in ciotole, servire con condimento aggiuntivo se lo si desidera.

Calorie totali: 518

Vitamine: Vitamina A 1.3mg, B6 137µg, Vitamina C 26mg, Vitamina K 125µg

Minerali: 14mg Niacina, Fosforo 420 mg, Selenio 46µg, 3 mg di Zinco

Zuccheri: 24g

10. Salmone grigliato con zenzero e cavolo cinese

Non solo il gusto di questo salmone esploderà grazie alle spezie, ma sarà anche ricco di Omega 3 e Fosforo. Il minerale permette alle cellule cerebrali sane di crescere e rimanere forti, migliorando la funzione cognitiva.

Ingredienti:

- 1 cucchiaio di timo essiccato
- 1 cucchiaino di aglio in polvere
- 1 cucchiaino di cipolla in polvere
- 1 cucchiaio di origano secco
- 1 cucchiaio di paprika affumicata
- 1 cucchiaino di pepe rosso
- Sale Kosher o marino qb
- 1 (6 once) filetti di salmone
- 2 cucchiai di olio d'oliva
- 2 cipolla verde, tritata
- 1 cucchiaio di radice di zenzero grattugiato
- 2 spicchi d'aglio, grattugiato
- 2 tazze di cavolo cinese, tritato
- 1 cucchiaio di acqua
- 1/2 lime, in succo

Preparazione:

Unire le spezie in una piccola ciotola. Spolverare ogni lato del salmone con il mix di spezie. Lasciar riposare per 5-10 minuti.

Nel frattempo, scaldare 1 cucchiaio di olio d'oliva in una padella grande a fuoco medio. Una volta caldo, mettere il salmone dal lato della pelle. Cuocere fino a quando il pesce comincia a diventare marrone e croccante. Girare con cautela il salmone e continuare a cuocere sull'altro lato. Togliere dal tegame e far riposare.

In una padella di medie dimensioni, scaldare il residuo di olio. Aggiungere cipolla verde, zenzero e aglio. Cuocere, mescolando spesso, fino a quando la miscela comincia a rosolare. Aggiungere il cavolo cinese e l'acqua, continuare a cuocere fino a quando il cavolo cinese è appassito e l'acqua evaporata.

Servire il salmone sul cavolo cinese e condito con succo di lime.

Calorie totali: 559

Vitamine: Vitamina B6 0,8 mg, Vitamina B12µg, Vitamina D 27µg, Vitamina K 57µg

Minerali: Fosforo 832mg, Selenio 155µg, Niacina 25 mg

Zuccheri: 1g

11. Pollo cinese con arachidi

Le verdure a foglia verde sono ricche di Vitamina C, e rendono questo antipasto di ispirazione asiatica molto salutare. I più alti livelli di Vitamina C si trovano nel cervello e nei tessuti dove l'energia del cervello viene utilizzata più di frequente. Lascia che questa insalata regoli le sostanze neurochimiche nel cervello!

Ingredienti:

- 1 lime, in succo
- 2 cucchiai di salsa di hoisin
- 1 cucchiaino di miele
- 1 cucchiaino di radice di zenzero grattugiato
- 1 spicchio d'aglio, grattugiato
- 1/4 di tazza di burro di arachidi
- 2 cucchiai di aceto di vino di riso
- 1 cucchiaino di olio di sesamo tostato
- 1/4 di tazza di arachidi tritate
- 2 tazze di petto di pollo cotto, tagliato a cubetti
- 1 tazza di cavolo cinese, tritato
- 1 tazza di cavolo tritato
- 1 tazza di cavolo Napa, tritato

- 1/2 peperone rosso, tagliato a fette sottili
- 1/2 cipolla rossa piccola, tagliata a fette sottili
- 2 cucchiai di coriandolo fresco, tritato

Preparazione:

Nel frullatore, unire il succo di lime, hoisin, miele, zenzero, aglio, burro di arachidi, aceto e olio fino a quando raggiunge la consistenza del condimento per l'insalata.

Unire gli altri ingredienti. Aggiungere qualche cucchiaio di condimento di arachidi e spargere sopra al resto. Separare in ciotole, guarnire con coriandolo fresco.

Calorie totali: 441

Vitamine: Vitamina A 216µg, Vitamina B6 1,2 mg, 82 mg Vitamina C, Vitamina K 183µg

Minerali: Niacina 14mg, Magnesio 115 mg, Fosforo 397mg, Selenio 32µg

Zuccheri: 9g

12. Patata dolce e fagioli neri

Il beta-carotene delle patate dolci in combinazione con la proteina perfetta dei fagioli neri uniti al riso fanno di questo burrito un concentrato di sostanze nutritive per il cervello. Non solo grazie all'aiuto delle patate, ma anche per il sistema immunitario. La patata dolce è stata utile a mantenere lo sviluppo cognitivo in alcune delle culture più antiche del mondo.

Ingredienti:

- 1 patata dolce, sbucciata e tagliata a dadini
- 1 cucchiaio di olio d'oliva
- 1 cucchiaio di peperoncino in polvere
- 1 cucchiaino di cumino macinato
- Un pizzico di sale Kosher
- 4 grandi tortillas di farina di grano duro
- 1/4 tazza chicchi di mais
- 1/2 tazza di fagioli cotti neri
- 1 tazza di riso cotto integrale
- 1 tazza di lattuga romana triturata
- 1 peperone giallo, affettato
- 1/2 cipolla rossa, affettata
- 1/4 di tazza di salsa

Preparazione:

Preriscaldare il forno a 400 gradi F.

Ungere la patata dolce in olio d'oliva, peperoncino in polvere, cumino e sale. Mettere su carta da forno e arrostire fino a quando le patate sono morbide e cominciando a scurirsi. Circa 15-20 minuti.

Mettere le tortillas su una superficie piana, dividere le patate e tutti gli altri ingredienti in parti uguali tra ogni tortilla. Piegare gli estremi e rotolare per formare un burrito. Servire.

Calorie totali: 317

Vitamine: Vitamina A 337µg, Vitamina B6 0,3 mg, Vitamina C 37mg

Minerali: Fosforo 207mg, Magnesio 6 mg, Tiamina 0,4 mg

Zuccheri: 6g

13. Pasta all'avocado

Non solo le erbette fresche insaporiscono qualsiasi piatto, ma sono anche ricche di sostanze nutritive! Le vitamine E e K, che si trovano nelle erbe aromatiche, in coppia con il grasso sano dell'avocado ne fanno un piatto a tutto tondo e saziante.

Ingredienti:

- 2 cucchiai di olio d'oliva
- 6 punte di asparagi, tagliate in pezzi da 1 pollic2
- 2 spicchi d'aglio, tritati
- 1/2 cipolla gialla, tranciata
- 1 tazza di piselli dolci, freschi o surgelati (scongelati)
- 1 chilo di penne di grano intero già cotte
- 2 cucchiai di basilico fresco, tritato
- 2 cucchiai di rosmarino fresco tritato
- 2 cucchiai di origano fresco, tritato
- 1 avocado maturo, tagliato a pezzi da ½ pollici
- 1/2 tazza di parmigiano grattugiato

Preparazione:

In una padella media, scaldare l'olio a fuoco medio. Aggiungere asparagi, aglio e cipolla. Cuocere fino a quando la cipolla comincia ad ammorbidirsi e aggiungere i piselli dolci. Aggiungere le penne, cuocere fino a quando tutto si sarà scaldato. Se i pezzetti di pasta tendono ad attaccarsi alla padella, aggiungere un cucchiaio di acqua.

Condire con basilico, origano, avocado, e parmigiano. Una volta che il parmigiano inizia a sciogliersi, servire nelle ciotole.

Calorie totali: 589

Vitamine: Vitamina B6 0.5mg, Vitamina E 3mg, Vitamina K 50 microgrammi

Minerali: Magnesio 132mg, Fosforo 433mg, Selenio 85µg, 4 mg di Zinco

Zuccheri: 6g

14. Lasagna di melanzane

Ricche di Vitamina K, queste lasagne senza pasta sono una bomba per il cervello. La Vitamina K regola il calcio e migliora la salute generale del cervello.

Ingredienti:

- 1 (24 once) di salsa marinata, preferibilmente fatta in casa
- 1 cucchiaio di olio d'oliva
- 1 cipolla gialla media, affettata
- 1 tazza di funghi, tritati
- Sale Kosher o marino qb
- 2 spicchi d'aglio, tritati
- 3 tazze di spinaci, tritati
- 1 tazza di ricotta
- 1 1/2 tazza di mozzarella a pezzetti
- ½ tazza di ricotta (magra se possibile)
- 2 albumi d'uovo
- 1 cucchiaino di origano fresco, tritato
- 1 cucchiaino di basilico fresco, tritato
- 1/2 cucchiaino di pepe nero

- 2 grandi melanzane, affettate con spessore da 1/4 di pollice nel senso della lunghezza
- 1/4 tazza di parmigiano grattugiato

Preparazione:

Preriscaldare il forno a 425 gradi F. Ungere una casseruola di circa 13"x9"x2"casseruola con spray antiaderente e diffondere 1 1/4 tazze di marinata sul fondo del piatto.

In una padella capiente, aggiungere l'olio e scaldare a fuoco medio-basso. Soffriggere la cipolla fino a quando diventa morbida e marroncina. Aggiungere i funghi, e un pizzico di sale. Quando i funghi inizieranno a rilasciare acqua, cuocere fino a quando l'acqua evapora, circa 2 o 3 minuti. Aggiungere l'aglio e gli spinaci, rosolare fino a quando gli spinaci sono appassiti, circa 3 minuti. Togliere dal fuoco e lasciar raffreddare.

In una grande ciotola, unire la ricotta, 1 tazza di mozzarella, ricotta, albume d'uovo, origano, basilico e pepe.

Disporre le melanzane affettate in una casseruola e aggiungere un quarto di mix di formaggio, distribuito in modo uniforme per coprire le tagliatelle. In cima al formaggio, distribuire 1/4 tazza di verdure cotte. Ripetere l'operazione fino a quando non si esauriranno gli ingredienti, e finire con le melanzane in cima a tutto. Distribuire 1 tazza di marinata sulle lasagne, cospargere con la rimanente mozzarella e parmigiano.

Coprire con un foglio di alluminio e cuocere 20 minuti, o fino a quando il formaggio è caldo e frizzante. Se lo si desidera, servire con ulteriore marinata riscaldata.

Calorie totali: 315

Vitamine: Vitamina A 210 mg, Vitamina B6 0.5mg, Vitamina B12 0,9 mg, Vitamina K 98µg

Minerali: 444mg di Calcio, 1050mg di Potassio, Riboflavina 0.5mg, Niacina 6mg

Zuccheri: 15g

15. Tonno Ahi Burger con rucola e dragoncello

Un'ottima alternativa al salmone, il tonno Ahi è ricco di vitamine del gruppo B. I nutrienti presenti in questo pesce permettono la circolazione ottimale di ossigeno, fornendo al cervello tutte le risorse necessarie per la funzione cerebrale finale.

Ingredienti:

- 1/2 chilo di tonno ahi, tritato
- 2 cucchiai di cipolla, tritata
- 1 uovo
- 3 spicchi d'aglio, tritati e divisi
- 2 cucchiai di pistacchi in polvere
- 1/4 cucchiaino di pepe di Caienna
- 2 cucchiai di succo di lime, diviso
- 1 cucchiaio di olio di sesamo
- 1/2 tazza di yogurt greco
- 2 cucchiai di dragoncello fresco, tritato
- 1/4 di tazza di cetriolo grattugiato
- 1/2 tazza di rucola
- 2 panini integrali di grano per hamburger

Preparazione:

Unire tonno, cipolla, uovo, uno spicchio d'aglio, pepe di cayenna, pistacchi, e 1 cucchiaio di succo di lime. Formare delle polpette. La consistenza sarà molto fragile.

Scaldare l'olio di sesamo in una padella a fuoco medio. Una volta caldo, rosolare le polpettine di tonno e cuocere fino a doratura (il pesce può essere cotto sia poco che tanto, a piacere).

Durante la cottura, unire il restante succo di lime, l'aglio rimanente, lo yogurt greco, il dragoncello. Spremere l'acqua in eccesso dal cetriolo e aggiungerlo al composto di yogurt.

Stendere la salsa di yogurt sul panino, seguita dal tonno. Cospargere con rucola e pistacchio. Servire.

Calorie totali: 416

Vitamine: Vitamina B6 1.4mg, Vitamina B12 2.8µg

Minerali: Fosforo 559mg, Niacina 23mg

Zuccheri: 7g

16. Salmone arrosto con noci Pecan e cavolini di Bruxelles

Il trio di noci pecan, salmone, e cavolini di Bruxelles fanno di questo pasto una ricca cornucopia di sostanze nutritive. Questo piatto è pieno di vitamine B, C, D e K, grassi Omega 3 e Niacina. La niacina rallenta il processo di perdita cognitiva, permettendo il miglioramento della memoria e delle funzioni antiossidanti del cervello.

Ingredienti:

- 1 libbra di cavolini di Bruxelles, gambi tagliati e divisi a metà
- 2 cucchiai di olio di oliva, divisi
- 1 cucchiaino di sale, diviso
- 1/2 cucchiaino di pepe nero
- 1 spicchio d'aglio, tritato
- 2 (6 once) filetti di salmone
- 1/2 tazza di noci pecan, tritate
- 1 cucchiaino di pepe di cayenna

Preparazione:

Preriscaldare il forno a 400 gradi F. Ungere una teglia con spray antiaderente.

Condire i cavolini di Bruxelles, con la metà dell'olio d'oliva, la metà del sale, pepe e aglio. Mettere su carta da forno e cuocere per 15 minuti.

Spennellare il salmone con il restante olio d'oliva. Unire le noci, il sale rimanente e il pepe Cayenne. Premere la miscela di pecan sul salmone.

Rimuovere i cavolini di Bruxelles dal forno e girarli. Posizionare il salmone in crosta sulla padella con cavolini di Bruxelles e rimettere in forno per altri 10 o 15 minuti fino a quando il salmone è cotto e i cavoletti di Bruxelles sono croccanti.

Calorie totali: 757

Vitamine: Vitamina B6 0,9 mg, Vitamina B12 7.8µg, Vitamina C 82 mg, Vitamina D 27µg, Vitamina K 168µg

Minerali: Fosforo 939mg, Selenio 157µg, Niacina 25 mg

Zuccheri: 3g

17. Chili senza carne con patate dolci

Cibo per la mente, veloce e facile per una giornata impegnativa. La patata dolce rende questo chili senza carne saporito e saziante. Ricco di Vitamina A e C è il perfetto equilibrio tra gusto e nutrienti.

Ingredienti:

- 1 grossa patata dolce, sbucciata e tagliata a dadini
- 1 cipolla grande, tagliata a dadini
- 1 jalapeno, senza semi, a dadini
- 1 cucchiaino di aglio in polvere
- 3 cucchiai di peperoncino in polvere
- 1 cucchiaio di cumino macinato
- 1 cucchiaino di paprika affumicata
- 1 1/2 tazze di acqua
- 2 tazze di fagioli neri
- 2 (14 once) di pomodori a dadini

Preparazione:

Unire tutti gli ingredienti su fuoco basso. Far cuocere lentamente per 8 ore. Servire.

Calorie totali: 228

Vitamine: Vitamina A 497µg, Vitamina B6 0.6mg, Vitamina C 51mg

Minerali: Fosforo 231mg, Magnesio 96mg, Tiamina 1,5 mg

Zuccheri: 10g

18. Pollo con verdure cocco e anacardi

Goditi questo bagliore asiatico con tante vitamine e minerali essenziali. Una grande quantità di B6 rallenta il restringimento del cervello e riduce la materia grigia atrofia nelle zone più sensibili alla perdita di memoria.

Ingredienti:

- 3 petti di pollo senza pelle disossati
- 1 cipolla, tagliata a dadini
- 1 (14 once) di latte di cocco non zuccherato
- 1 tazza di acqua
- 1/2 tazza di anacardi frullati
- 2 cucchiai di concentrato di pomodoro
- 2 spicchi di aglio, tritati
- 2 cucchiaini di salsa di hoisin
- 1 cucchiaino di curcuma
- 1/2 cucchiaino di curry in polvere
- 1/2 cucchiaino di pepe di Caienna
- 1 carota, sbucciata e tagliata a dadini
- 3 gambi di sedano, tagliati a cubetti
- 4 patate rosse, pelle, tagliati in quarti
- 2 tazze di cavolo, tritato

Preparazione:

Mescolare tutti gli ingredienti su fuoco basso con l'eccezione di cavolo. Cucinare lentamente per 8 ore oppure per 4 ore a fiamma più alta. Aggiungere il cavolo e farlo appassire, circa 5 minuti. Servire.

Calorie totali: 570

Vitamine: Vitamina A 314µg, Vitamina B6 1,0 mg, Vitamina C 58mg, Vitamina K 253µg

Minerali: Magnesio 153mg, Fosforo 465mg, Selenio 33µg

Zuccheri: 10g

19. Sandwich di salmone

Un'opzione leggera, questo panino con insalata di salmone contiene Selenio. Agendo come antiossidante, ripara le cellule nervose e previene il declino cognitivo.

Ingredienti:

- 8 once di salmone, cucinato e tagliato
- 3 cucchiai di yogurt greco
- 2 cucchiaini di succo di lime
- 2 cucchiaino di dragoncello fresco tritato
- 1 cucchiaino di aneto secco
- 4 fette di pomodoro
- 4 fette di cipolla rossa
- 1/2 tazza di spinaci baby
- 4 fette pane integrale, tostato

Preparazione:

Unire salmone, yogurt, lime, dragoncello, e aneto. Mescolare bene, assaggiare e aggiungere più condimento se lo si desidera.

Dividere il salmone tra due fette di pane integrale. Cospargere con pomodoro, cipolla e spinaci.

Posizionare la seconda fetta di pane sulla parte superiore e servire.

Calorie totali: 345

Vitamine: Vitamina B6 0.5mg, Vitamina B12 3.3µg, Vitamina D 11µg, Vitamina K 55µg

Minerali: Fosforo 493mg, Selenio 78µg, Niacina 13mg

Zuccheri: 6g

20. Insalata di pollo con spinaci e yogurt greco

Combinate con spinaci, noci fanno di questo un superfood insalata imballato con il chiarore del Mediterraneo. Gli antiossidanti proteggono contro la degenerazione mentre le vitamine B danno cerebrale cellule energia e nuova vita.

Ingredienti:

- 4 spicchio d'aglio, tritati, diviso
- 2 cucchiaini di origano secco
- 2 cucchiai di succo di limone, diviso
- 1 cucchiaio di olio d'oliva
- 2 senza pelle petto di pollo disossato
- 1/2 tazza di cetriolo grattugiato
- 1 tazza di yogurt greco
- 2 cucchiaini di aneto secco
- 4 tazze di spinaci
- 1/4 tazza di noci
- 1/4 di tazza di formaggio feta

Preparazione:

Unire 2 spicchi di aglio, origano, 1 cucchiaio di succo di limone e olio d'oliva. Versare sopra il petto di pollo. Mettere da parte e far marinare per 30 minuti. Dopo la marinatura, cuocere in padella a fuoco medio fino a quando la temperatura interna raggiunge i 165 e non resta nessun colore rosa. Mettere da parte a riposare.

In una piccola ciotola, unire cetriolo (spremuto dell'acqua in eccesso), yogurt, aneto, aglio rimanente, e succo di limone rimanente. Mescolare bene.

In due ciotole, dividere gli spinaci. Aggiungere 1 cucchiaio di yogurt in ogni ciotola e mescolare fino a quando le foglie degli spinaci saranno completamente condite. COspargere con noci, formaggio feta e pollo - servire.

Calorie totali: 452

Vitamine: Vitamina A 319µg, Vitamina B6 1.2mg, Vitamina K 317µg

Minerali: Fosforo 481mg, Selenio 36µg, Riboflavina 0,5 mg, Niacina 10 mg

Zuccheri: 7g

21. Salmone scottato con spinaci e pomodori secchi

Questa potrebbe essere la più semplice delle ricette, ricca di sapore e con abbondanza di vitamine e minerali. Con oltre la raccomandazione giornaliera di Vitamina B12, Vitamina D, e Niacina, questa ricetta facile amplificherà le capacità cognitive del cervello!

Ingredienti:

- 2 (8oz) filetti di salmone
- Sale e pepe a piacere
- 1 cucchiaio di olio di oliva, diviso
- 1 spicchio d'aglio, tritato
- 1/2 tazza di pomodori secchi, tritati
- 2 tazze di spinaci

Preparazione:

Cospargere entrambi i lati del salmone con sale e pepe. Scaldare metà dell'olio d'oliva in una padella a fuoco medio. Una volta caldo, posare il salmone con la pelle rivolta verso il basso. Cuocere circa 6 minuti e capovolgere. Continuare a cuocere fino a renderlo completamente cotto.

Nel frattempo, in una padella a parte, scaldare il residuo di olio. Una volta caldo, aggiungere l'aglio e i pomodori secchi. Cuocere fino a quando tutto sarà fragrante, circa 1 o 2 minuti. Aggiungere gli spinaci, farli appassire. Servire sopra di salmone.

Calorie totali: 597

Vitamine: Vitamina B6 0,9 mg, Vitamina B12 9.6µg, Vitamina D 33µg, Vitamina K 84µg

Minerali: 1944mg di Potassio, 1037mg di Fosforo, Selenio 191µg, Niacina 31mg

Zuccheri: 5g

22. Insalata con sidro di mele

Questa insalata fresca croccante è il pasto leggero perfetto di una serata autunnale. Una varietà di verdure a foglia verde per questa insalata con Vitamina K, che rafforza le cellule del cervello e dei nervi.

Ingredienti:

- 1 cucchiaio di miele
- 1/4 tazza di succo di mela
- 3 cucchiai di aceto di sidro di mele
- 2 cucchiai di olio d'oliva
- 1 tazza di lattuga romana
- 1/2 tazza di - rucola
- 1/2 tazza di spinaci
- 1/2 tazza di cavolo
- 1 mela Gala di media, a fette sottili
- 1/4 tazza di more
- 1/4 tazza di mirtilli

Preparazione:

Unire miele, succo di frutta, aceto e olio nel frullatore. Frullare fino a creare una miscela per condire l'insalata.

In una grande ciotola, unire gli altri ingredienti con 2 o 3 cucchiai di condimento. Mescolare delicatamente. Dividere in ciotole. Servire con condimento aggiuntivo. Se lo si desidera, è possibile aggiungere pollo o salmone.

Calorie totali: 234

Vitamine: Vitamina C 27mg, Vitamina K 149µg

Minerali: 49µg di Acido folico, Magnesio 26g

Zuccheri: 22g

23. Pollo con mele e spinaci

Aggiungendo il sedano a questo burrito, o a qualsiasi piatto, è un'opzione a basso contenuto calorico, con grande beneficio per il cervello. Pur senza modificare il sapore delle ricette, il sedano aumenta il flusso di ossigeno al cervello promuovendo le cellule sane e la funzione generale del cervello.

Ingredienti:

- 1 petto di pollo disossato e senza pelle, tagliuzzato
- 1 mela media, a cubetti
- 2 gambo di sedano, tritato
- 2 cucchiai di cipolla, tritata
- 3 cucchiai di yogurt greco
- 2 cucchiaini di miele
- 1/2 tazza di spinaci
- 2 grandi tortillas di grano integrale

Preparazione:

Unire tutti gli ingredienti tranne gli spinaci e le tortilla.

Posare le tortillas su superficie piana. Divide gli spinaci tra le due tortillas, e condire con la miscela di pollo. Piegare di lato e rotolare per formare un burrito. Servire.

Calorie totali: 256

Vitamine: Vitamina B6 0.6mg, Vitamina K 44µg

Minerali: Fosforo 260mg, Selenio 28µg, Niacina 6mg

Zuccheri: 15g

24. Tonno Ahi con salsa di mango e avocado

Prendi una pausa dal calcio del salmone e metti la quarta con la Vitamina B del tonno Ahi! Un'ottima alternativa al salmone, il tonno Ahi contiene abbastanza Vitamina B per darti l'energia supplementare e migliorare la concentrazione.

Ingredienti:

- 1 cucchiaino di pepe di cayenna
- 1/2 cucchiaino di aglio in polvere
- 1/2 cucchiaino cipolla in polvere
- 1/4 cucchiaino di sale kosher
- 1/2 cucchiaino di pepe nero
- 1 cucchiaino di paprika
- 1 cucchiaino di peperoncino in polvere
- 1 cucchiaio di olio d'oliva
- 2 Filetti di Tonno Ahi (6 once)
- 1 grosso pomodoro tagliato a dadini
- 1 piccola cipolla rossa, tagliata a dadini
- 1/4 tazza di mango, a dadini
- 1 cucchiaio di succo di lime
- 2 cucchiaino di coriandolo fresco tritato

- 1 cucchiaio di jalapeno, tritato

Preparazione:

Unire cayenna, aglio in polvere, cipolla in polvere, sale, pepe, paprika e peperoncino in polvere. Spennellare i filetti di tonno con olio d'oliva e condire bene con mix di spezie.

Scaldare una padella a fuoco medio, mettere il tonno in padella e cuocere fino a quando il primo lato avrà preso colore. Girare e continuare la cottura sul secondo lato, circa 3 minuti. Il tonno dovrebbe essere ancora rosa all'interno.

In una ciotola media, unire gli altri ingredienti. Lasciar riposare per circa 5 minuti. Spennellare sul tonno cotto. Servire.

Calorie totali: 370

Vitamine: Vitamina B6 2.4mg, Vitamina B12 4.7µg

Minerali: Fosforo 682mg, Selenio 207µg, Niacina 43mg

Zuccheri: 7g

25. Involtini di pollo con arachidi

Un antipasto o un secondo, questo piatto senza carboidrati è ricco di Vitamina K. Una chiave per l'anti-invecchiamento, la Vitamina K mantiene la mente acuta. Distribuendo e regolando il calcio nelle cellule cerebrali, la Vitamina K mantiene il funzionamento ottimale del cervello.

Ingredienti:

- 1 chilo di pollo ruspante
- 1 cucchiaio di olio di sesamo
- 2 spicchi d'aglio, tritati
- 1 cipolla gialla, tagliata a dadini
- 2 cucchiai di burro di arachidi cremoso
- 1 cucchiaio di miele
- 2 cucchiai di aceto di riso
- 2 cucchiai di hoisin
- 1 testa di lattuga
- 1/2 tazza carote tagliuzzate
- 1/2 tazza di cetriolo a dadini piccoli
- 1/2 tazza di peperone rosso a dadini piccoli
- 1/4 tazza di cipolle verdi a fette
- 3 cucchiai di coriandolo fresco, tritato

Preparazione:

In padella, cuocere il pollo fino a quando non diventa bianco. Scolare il liquido in eccesso. Accantonare.

In una piccola casseruola, scaldare l'olio di sesamo. Aggiungere l'aglio e la cipolla. Cuocere fino a quando l'aglio è fragrante e la cipolla è morbida. Aggiungere burro di arachidi, miele, aceto e salsa hoisin. Frullare fino a ottenere un composto liscio. Portare ad ebollizione, abbassare la fiamma e lasciar cuocere per 2 minuti. Aggiungere poco a poco al pollo cotto, fino a ricoprirlo del tutto.

Rimuovere con attenzione e separare le foglie della lattuga. Su ognuna posare circa 2 cucchiai di pollo e cospargere con la carota, cetrioli, peperoni, cipolla e coriandolo. Servire.

Calorie totali: 299

Vitamine: Vitamina A 237μg, Vitamina B6, 0.6mg, Vitamina C 31mg, Vitamina K 63μg

Minerali: Riboflavina 0,3 mg, Niacina 7 mg

Zuccheri: 11g

26. Bistecca scottata con pomodori e spinaci

Rigorosamente ricca di carne, questa ricetta succulenta contiene carnosina, che non è molto conosciuta tra i nutrienti, ma è molto potente. La carnosina è un acido creato da due aminoacidi e si trova nei muscoli e nei tessuti cerebrali. Il mantenimento della carnosina è importante per prevenire i processi degenerativi del cervello e l'invecchiamento precoce.

Ingredienti:

- 2 grossi pomodori
- 2 cucchiai di olio di oliva, divisi
- 2 spicchi d'aglio, tritati e divisi
- 1/2 cucchiaino di curcuma in polvere
- 1/2 cucchiaino di cumino macinato
- 1/2 cucchiaino di peperoncino in polvere
- 1 cucchiaino di paprika
- 1/4 cucchiaino di pepe nero
- 2 (6oz) bistecche di manzo
- 1/2 cucchiaino di sale
- 3 tazze di spinaci

Preparazione:

Preriscaldare il forno a 400 gradi F. Ungere i pomodori con 1 cucchiaio di olio d'oliva e la metà dell'aglio. Cuocere in forno per 15-20 minuti, o fino a quando diventa morbido.

Unire curcuma, cumino, peperoncino in polvere, paprika e pepe nero. Posare le bistecche su ogni lato nel mix di spezie.

In una padella media, scaldare 1 cucchiaio di olio d'oliva. A fuoco medio, cuocere le bistecche con cottura media. La temperatura al loro interno deve essere di circa 150 gradi.

Togliere dalla padella la bistecca e farla riposare. Nella stessa padella delle bistecche, aggiungere gli spinaci e l'aglio rimanente. Cuocere a fuoco medio fino a farli appassire. Servire con bistecca e pomodoro al forno.

Calorie totali: 346

Vitamine: Vitamina A 195µg, Vitamina B6 0,9 mg, B12 1.6µg, Vitamina K 161µg

Minerali: Fosforo 317mg, Selenio 43µg, 7 mg di Zinco

Zuccheri: 2g

27. Tortino di salmone con cavolo cinese e Wasabi

In genere trascurato, il Wasabi è un ottimo modo per regalare sostanze nutritive ad una ricetta! Infatti contiene molte vitamine e minerali ed è noto per aiutare contro le infiammazioni.

Ingredienti:

- 2 (6oz) filetti di salmone, tritati
- 3 albumi
- 2 cucchiaini di aneto secco
- 2 cipolla verde, tagliata a dadini
- 1 cucchiaio di succo di limone
- 3 cucchiai di pangrattato integrale
- 1/2 cucchiaino di sale kosher
- 2 cucchiai di olio di oliva, divisi
- 1 cucchiaio di zenzero grattugiato
- 2 spicchi d'aglio, grattugiati e divisi
- 3 tazze di cavolo cinese
- 3 cucchiai di maionese
- 3 cucchiai di succo di lime
- 1 cucchiaino di wasabi (di più se lo si desidera)
- Acqua, qb

Preparazione:

Unire salmone, uova, aneto cipolla verde, succo di limone, pangrattato e sale. Mescolare bene e formare delle polpette.

In una padella media, scaldare metà dell'olio d'oliva. A fuoco medio, cuocere le polpette di salmone fino a farle dorare. Girarle e continuare a cuocere fino a cottura ultimata.

Nel frattempo, scaldare l'olio d'oliva rimanente. A fuoco medio, aggiungere la metà dell'aglio e lo zenzero. Cuocere fino a quando l'aglio comincia a rosolare. Aggiungere il cavolo cinese e cuocere fino farlo appassire.

In una piccola ciotola unire maionese, succo di lime, oltre wasabi e aglio rimanente. Mescolare bene. Se necessario, aggiungere acqua per dare alla miscela la consistenza del condimento per l'insalata.

Servire le polpette di salmone in cima al cavolo cinese. Condire con la salsa al wasabi.

Calorie totali: 626

Vitamine: Vitamina A 346μg, Vitamina B6 1.3mg, Vitamina B12 8.3μg, Vitamina C 70mg, Vitamina D 19μg, Vitamina K 122μg

Minerali: 557μg Fosforo, Selenio 67μg, Niacina 16mg

Zuccheri: 5g

28. Fagioli cannellini e pollo

Un'ottima alternativa ai fagioli neri, i cannellini sono altrettanto utili. L'aggiunta di un sapore diverso e la consistenza burrosa, rendono questo fagiolo molto versatile e adatto a minestre leggere, impepate e stufati. Questo piccolo fagiolo migliora la capacità cognitiva e disintossica l'organismo.

Ingredienti:

- 1 cucchiaino di salvia fresca tritata
- 1 cucchiaino di rosmarino fresco tritato
- 1 libbra di petti di pollo senza pelle disossati, tagliati in pezzi da 1 pollice
- 1 piccola cipolla, tagliata a dadini
- 2 carote medie, sbucciate e tagliate a dadini
- 2 grandi gambi di sedano, tagliati a cubetti
- 2 pomodori grandi, tagliati a dadini
- 3 cucchiai di concentrato di pomodoro
- 3 tazze di brodo di pollo
- 1 tazza di acqua
- 2 tazze di fagioli cannellini
- 2 tazze di cavolo, tritato

Preparazione:

Unire tutti gli ingredienti, con l'eccezione del cavolo, a fiamma bassa. Cucinare lentamente per 8 ore oppure a fiamma viva per 4 ore. Prima di servire, aggiungere il cavolo e farlo appassire. Riempire le ciotole a mestolate.

Calorie totali: 313

Vitamine: Vitamina A 210µg, Vitamina B6 0,8 mg, Vitamina C 65mg, Vitamina K 254µg

Minerali: Fosforo 373mg, Selenio 25µg, Niacina 13mg

Zuccheri: 4g

29. Avocado ripieni di gamberetti

Gamberetti e avocado sono una grande accoppiata, non solo nelle ricette, ma nella creazione di un pasto ben equilibrato con importanti vitamine e minerali. Entrambi contengono grassi sani e colesterolo per migliorare la funzione del cervello, l'afflusso di sangue, e per mantenere le cellule cerebrali sane. In più lavorano insieme per prevenire la degenerazione cognitiva.

Ingredienti:

- 2 avocado
- 2 tazze gamberetti, cotti a dadini
- 1 gambo di sedano, tritato
- 2 cucchiai di cipolla, tritata
- 2 cucchiaino di aneto secco
- 1/4 tazza di yogurt greco
- 1 cucchiaio di maionese
- 1 cucchiaino di succo di limone

Preparazione:

Tagliare gli avocado a metà, togliere l'osso e scavare un po' dal centro per creare una barchetta. Posizionare gli avocado in una terrina media. La buccia si può lasciare o rimuovere, a piacere.

Schiacciare la polpa dell'avocado rimossa. Unire gli altri ingredienti con il purè di avocado. Servire le barche di avocado.

Calorie totali: 423

Vitamine: Vitamina B6 0,7 mg, Vitamina B12 1.4µg, 57µg Vitamina K

Minerali: Fosforo 428mg, Selenio 56µg

Zuccheri: 3g

30. Insalata di ceci calda

Anche se generalmente viene utilizzato per creare l'hummus, il cecio è un fagiolo molto versatile. In questo insalata tiepida, il cecio aggiunge un plus di proteine, e migliora la memoria. Questa insalata è un ottimo pasto per migliorare la qualità del sonno, perché il cervello ha bisogno di rigenerarsi ogni giorno.

Ingredienti:

- 1 cucchiaio di olio d'oliva
- 1 piccola cipolla rossa, tagliata a dadini
- 1 piccolo peperone rosso, a dadini
- 2 spicchi di aglio, tritati
- 1 pomodoro medio, tagliato a dadini
- 2 tazze di ceci
- 2 tazze di spinaci
- 2 cucchiai di basilico fresco, tritato
- 1/2 tazza di parmigiano grattugiato
- 1 cucchiaio di succo di limone

Preparazione:

Scaldare l'olio d'oliva in una padella a fuoco medio. Una volta caldo, aggiungere cipolla, peperone e aglio. Cuocere fino a quando le cipolle sono morbide. Aggiungere pomodoro, spinaci e ceci. Cuocere fino a quando gli spinaci sono appassiti e i ceci caldi. Mescolare in basilico e parmigiano fino a quando il formaggio è fuso. Versare nei piatti da portata e cospargere di succo di limone la parte superiore e servire.

Calorie totali: 316

Vitamine: Vitamina K 115µg

Minerali: Fosforo 293mg, Folato 159µg

Zuccheri: 8g

31. Taco con peperone

Una grande alternativa a basso contenuto di carboidrati al taco tradizionale! La miscela di fagioli neri e riso, non solo si combina per creare una proteina perfetto, ma rende questo taco un pasto saziante.

Ingredienti:

- 2 grandi peperoni rossi
- 1 cucchiaio di olio di oliva, diviso
- 1 spicchio d'aglio, tritato
- 1 piccola cipolla, tritata
- 1 tazza di fagioli neri, cotti
- 1 tazza di riso cotto integrale
- 2 tazze di salsa, preferibilmente fatta in casa
- 1/4 tazza di coriandolo fresco tritato
- 1/4 tazza di formaggio cheddar tagliuzzato

Preparazione:

Preriscaldare il forno a 375 gradi F.

Tagliare le cime dei peperoni, raccogliere accuratamente i semi e le costole bianche e mettere in una ciotola. Stendere su carta da forno spruzzata con spray antiaderente.

Scaldare l'olio d'oliva in una grande padella a fuoco medio e aggiungere le cipolle e l'aglio. Mescolare fagioli, riso e salsa. Cuocere fino a quando si sarà scaldato il tutto.

Versare miscela nei peperoni e cospargere di formaggio. Cuocere 20-25 minuti, fino a quando i peperoni sono morbidi e il ripieno è caldo.

Calorie totali: 536

Vitamine: Vitamina A 325µg, Vitamina B6 1.1mg, Vitamina C 261mg, Vitamina E 8 mg, Vitamina K 44µg

Minerali: Magnesio 138mg, Fosforo 387mg, Acido folico 180µg, Tiamina 0,5 mg

Zuccheri: 15g

32. Polpette con pomodoro e riso integrale

Tutti amano una buona polpetta. Avventurati fuori dalla norma con la polpetta speziata. La curcuma, una spezia poco conosciuta, rende questa polpetta un potente agente anti-infiammatorio. Inoltre, la curcuma è un forte antiossidante e ha dimostrato di migliorare la rigenerazione delle cellule nel tronco cerebrale.

Ingredienti:

- 1 tazza di pangrattato integrale
- 1 chilo di manzo magro
- 2 albumi
- 1 piccola cipolla, tagliata a dadini e divisa
- 4 spicchi d'aglio, tritati e divisi
- 1 cucchiaino di curcuma
- 2 cucchiaini di paprica
- ¼ di cucchiaino di pepe di Caienna
- ½ cucchiaino di cumino macinato
- 2 cucchiai di prezzemolo fresco, tritato
- 2 cucchiai di coriandolo fresco, tritato
- 1 cucchiaio di olio d'oliva
- 2 tazze di riso, cotto

- 1 (14 once) di pomodoro a dadini

Preparazione:

Preriscaldare il forno a 400 F. Ungere una teglia con spray antiaderente. In una grande ciotola, unire pangrattato, carne macinata, albume d'uovo, mezza cipolla, metà dell'aglio, curcuma, paprika, pepe di Caienna, cumino, prezzemolo e coriandolo. Mescolare bene e formare delle piccole palline. Mettere su carta da forno e cuocere 15-20 minuti.

In padella, scaldare l'olio d'oliva a fuoco medio. Aggiungere la cipolla e l'aglio rimasto e cuocere fino a quando le cipolle sono morbide. Aggiungere il riso e i pomodori. Cuocere fino a riscaldare il tutto. Servire le polpette sopra al riso cotto.

Calorie totali: 551

Vitamine: Vitamina A 81µg, Vitamina B6 0,9 mg, Vitamina B12 3.3µg, Vitamina C 24mg, Vitamina K 56µg

Minerali: Fosforo 442mg, Selenio 49µg, Zinco 8mg, Riboflavina 1.6mg, Niacina 12 mg

Zuccheri: 8g

33. Gamberetti con Couscous

Il gamberetto è tipicamente conosciuto come fonte di grassi sani e colesterolo. Tuttavia, questo crostaceo è molto di più. Ricco di antiossidanti e minerali, che ti permettono, mangiando gamberetti, di vivere in modo sano e dare vitalità al cervello.

Ingredienti:

- 2 cucchiai di olio d'oliva
- 1 peperone rosso, a dadini
- 1/2 libbra asparagi tagliati a pezzi da 1 pollice
- 1 piccola cipolla, tagliata a dadini e divisa
- 4 spicchi d'aglio, tritati e divisi
- 1 libbra di gamberi crudi, sgusciati e puliti
- 2 cucchiai di succo di limone
- 1 cucchiaio di basilico fresco tritato
- 2 cucchiaini di origano fresco, tritato
- 2 cucchiaini di rosmarino fresco, tritato
- 2 tazze di couscous, cotto

Preparazione:

A fuoco medio, scaldare metà dell'olio d'oliva in una padella. Aggiungere pepe rosso, asparagi, mezza cipolla, e la metà dell'aglio. Cuocere fino a quando le verdure cominciano ad ammorbidirsi. Aggiungere i gamberetti e cuocere fino a quando saranno ben cotti. Mescolare succo di limone, basilico, origano e rosmarino.

In una padella a parte, scaldare l'olio residuo. Aggiungere la cipolla e l'aglio rimanenti. Cuocere a fuoco lento. Aggiungere couscous, mescolare bene. Scaldare per un po'. Servire i gamberetti sopra al couscous.

Calorie totali: 749

Vitamine: Vitamina B6 1.8mg, Vitamina B12 2.2µg, Vitamina C 89mg, Vitamina E 9mg, Vitamina K 71µg

Minerali: Magnesio 97mg, Fosforo 535mg, Selenio 4 mg, Zinco 141µg

Zuccheri: 6g

34. Insalata di barbabietola con arance e noci

Il miele e gli agrumi rendono questa insalata di barbabietola una meraviglia per il palato. Le barbabietole contengono un alto livello di nitrati, che allargano i vasi sanguigni e consentono un maggiore flusso di sangue al cervello. Un flusso di sangue sano permette la concentrazione più profonda e capacità di memoria più elevate.

Ingredienti:

- 2 barbabietole rosse, sbucciate e tagliate a cubetti grandi
- 2 barbabietole dorate, sbucciate e tagliate a cubetti grandi
- 2 cucchiai di olio d'oliva
- 1 cucchiaio di rosmarino fresco tritato
- 1 cucchiaio di scorza d'arancia
- 3 tazze di spinaci
- 1 grande arancia, sbucciata e tagliata a spicchi
- 1/4 tazza di noci
- 1/4 tazza di formaggio di capra morbido, sbriciolato
- 2 cucchiai di miele
- 2 cucchiai di aceto balsamico

Preparazione:

Preriscaldare il forno a 450 gradi. F

Ungere entrambe le barbabietole in olio d'oliva, rosmarino e scorza d'arancia. Cuocere per 20-25 minuti, mescolando ogni 10 minuti. Cuocere a fuoco lento. Togliere dal forno e raffreddare completamente.

In una grande ciotola, mescolare le barbabietole cotte, spinaci, arance, noci e formaggio. Dividere in ciotole. Condire con miele e aceto per servire.

Calorie totali: 473

Vitamine: Vitamina A 292µg, Vitamina C 56mg, Vitamina K 238µg

Minerali: Magnesio 114mg, Fosforo 232mg

Zuccheri: 38g

35. Involtini vegani con aceto balsamico

L'aceto balsamico dà a questi involtini di verdure un brio in più per un pasto veloce ma gustosissimo. Ripieno di molte verdure diverse, questo involtino contiene una varietà di vitamine e minerali per aiutare le funzioni cerebrali di tutti i giorni. Mantiene in allerta il cervello e dà una carica di energia.

Ingredienti:

- 1 cucchiaio di olio d'oliva
- 1 piccola zucchina, tagliata a strisce sottili
- 1 peperone rosso tagliato a striscioline sottili
- 1 piccola cipolla, tagliata a strisce sottili
- 1/4 tazza di funghi, tritati
- 1/2 tazza di spinaci
- 2 spicchi di aglio, tritati
- 2 cucchiai di miele
- 1/4 di tazza di aceto balsamico
- 2 grandi tortillas di grano integrale

Preparazione:

In una padella media, scaldare l'olio d'oliva a fuoco medio. Una volta caldo, unire tutti gli ingredienti ad eccezione di miele, aceto, e tortillas. Cuocere fino a quando le verdure sono morbide.

In una piccola casseruola, unire il miele e l'aceto. Far cuocere a fuoco medio, portare a ebollizione e far cuocere finché non si addensa. Mescolare frequentemente.

Sulla superficie piana, stendere le tortillas. Dividere le verdure cotte tra le tortillas e spruzzare con la salsa al miele le verdure. Piegare sui lati e rotolare per dare la forma di burrito. Servire.

Calorie totali: 522

Vitamine: Vitamina A 284µg, Vitamina B6 0.6mg, Vitamina C 99 mg, Vitamina K 190µg

Minerali: Potassio 1047mg, Fosforo 283mg

Zuccheri: 44g

36. Pasta mediterranea con gamberi

Andiamo a scovare una ricetta tipica mediterranea, ovvero un piatto di pasta ai gamberi fresca e saporita. Le spezie mediterranee più conosciute, come l'aglio e i capperi, forniscono le sostanze nutrienti supplementari per migliorare la funzione cognitiva e diminuire il calo di attività cerebrale.

Ingredienti:

- 1 cucchiaio di olio d'oliva
- 1/2 libbra di gamberi crudi, sgusciati e puliti
- 2 spicchi di aglio, tritati
- 1 piccola cipolla, tagliata a dadini
- 1/4 tazza di zucchine a dadini
- 1/4 tazza di melanzane a dadini
- 1/4 tazza di capperi, scolati e asciugati
- 1 tazza di spinaci
- 1/2 tazza di pomodori, tagliati a cubetti
- 4 tazze di pasta di grano integrale, cotta
- 1/4 tazza di parmigiano grattugiato

Preparazione:

In padella, scaldare l'olio a fuoco medio. Aggiungere gamberetti, aglio, cipolla, zucchine, melanzane. Cuocere fino a quando i gamberetti iniziano a indurirsi e le verdure sono morbide. Aggiungere capperi, spinaci e pomodori. Cuocere fino a quando gli spinaci sono appassiti e i pomodori sono caldi. Unire la pasta, continuare a cuocere fino a quando la pasta viene riscaldata con il sugo. Spolverare con parmigiano grattugiato.

Calorie totali: 517

Vitamine: Vitamina A 184 mg, Vitamina B6 0.5mg, Vitamina B12 1.6µg, Vitamina K 88µg

Minerali: Calcio 360mg, 132mg di Magnesio, Fosforo 598mg, Selenio 97µg, Zinco 4mg

Zuccheri: 5g

37. Pollo piccante con fagioli e Quinoa

Questo antipasto di pollo è una grande fonte di ferro. Il ferro è direttamente collegato alla salute e alle funzioni del cervello. Non solo il ferro assiste nel corretto afflusso di sangue, ma crea i percorsi neurali per aiutare la prevenzione del declino cognitivo.

Ingredienti:

- 1 cucchiaio di olio d'oliva
- 2 petto di pollo disossato e senza pelle, tagliato a dadini
- 2 cucchiai di Paprika
- 2 spicchi di aglio, tritati
- 2 tazze di fagiolini freschi, tagliati
- 1 tazza di fagioli
- 1/2 tazza di anacardi
- 2 tazze di quinoa, cotta

Preparazione:

Aggiungere l'olio d'oliva nella padella e scaldare a fuoco medio. Aggiungere il pollo e cuocere fino a quando non perde tutto il rosa. Mescolare con paprica, aglio e fagiolini. Continuare a cuocere fino a quando i fagioli cominciano ad ammorbidirsi. Mescolare fagioli e anacardi. Servire con quinoa cotta a fianco.

Calorie totali: 714

Vitamine: Vitamina A 199µg, Vitamina B6 1.1mg, Vitamina B12 1 ug, Vitamina K 63µg

Minerali: Ferro 8 mg, Magnesio 247mg, Fosforo 803mg, Selenio 77mg, 6mg di Zinco

Zuccheri: 7g

38. Fettuccine con Pomodori Secchi e pesto

Un ingrediente poco utilizzato, i pomodori secchi contengono elevate quantità di Vitamina C e A rispetto ai pomodori crudi. Entrambe le vitamine C e A proteggono le cellule cerebrali dai danni dei radicali liberi e sono un ottimo modo per migliorare la salute generale del cervello.

Ingredienti:

- 1 cucchiaio di olio d'oliva
- 2 spicchi di aglio, tritati
- 1 tazza di pomodori secchi
- 2 tazze di spinaci
- 1/2 chilo di fettuccine di grano integrale, cotte
- 2 cucchiai di pesto di basilico
- 1/4 tazza di parmigiano grattugiato

Preparazione:

Scaldare l'olio d'oliva a temperatura media. Aggiungere aglio e pomodori secchi. Cuocere fino a renderli fragranti, aggiungere gli spinaci e continuare la cottura fino a farli appassire. Aggiungere fettuccine e pesto. Mescolare e scaldare il pesto. Dividere su piatti da portata, spolverare con parmigiano.

Calorie totali: 464

Vitamine: Vitamina A 21mg, Vitamina C 187µg, Vitamina K 178 mcg

Minerali: Magnesio 139mg, Fosforo 365mg, Selenio 47µg, 3 mg di Zinco

Zuccheri: 12g

39. Halibut scottato con cavolo rosso

La combinazione di Halibut e cavolo in questo antipasto fresco frizzante crea un vigore in più per il cervello aumentando vitamine e minerali. Il cavolo rosso è una potente fonte anti invecchiamento mentre l'Halibut è ricco di omega3 e vitamina B per dare al cervello energia supplementare.

Ingredienti:

- 2 cucchiai di olio d'oliva, divisi
- 1 cucchiaino di curcuma in polvere
- 1/2 cucchiaino di cumino macinato
- 1/2 cucchiaino di sale
- 1/2 cucchiaino di pepe di Caienna
- 2 (6oz) filetti di halibut
- 1 finocchio, affettato
- 1 piccola cipolla rossa, affettata sottile
- 2 tazze di cavolo rosso, tagliuzzato
- 3 cucchiai di pinoli
- 1 grande arancia, sbucciata e tagliata a spicchi

Preparazione:

Scaldare metà dell'olio in una padella. Mescolare curcuma, cumino, sale e pepe di Caienna. Soffriggere l'Halibut con il mix di spezie e nell'olio di oliva caldo. Una volta marrone, capovolgere e cuocere dall'altro lato fino a farlo dorare completamente. Togliere il pesce dalla padella e mettere da parte.

Nella stessa padella, aggiungere l'olio residuo, se necessario. Aggiungere finocchio, cipolla e cavolo. Cuocere adagio fino a quando le verdure cominciano ad ammorbidirsi. Aggiungere i pinoli e l'arancia. Disporre su un piatto da portata e guarnire l'Halibut.

Calorie totali: 491

Vitamine: Vitamina A 144µg, Vitamina B6 0.6mg, Vitamina B12 3.1µg, Vitamina C 68 mg, Vitamina D 8µg, Vitamina E 6mg, Vitamina K 123µg

Minerali: Magnesio 127mg, Fosforo 900mg, Selenio 78µg, 228mg di Colina

Zuccheri: 10g

40. Pollo, olive e pomodoro con spinaci

La combinazione di olive, pomodori, spinaci in questo entrée crea una centrale elettrica di agenti anti-infiammatori. Aumentando il flusso di sangue e di fornendo le cellule del cervello dell'ossigeno di cui hanno bisogno, ognuno di questi ingredienti dovrebbe essere consumato su base regolare.

Ingredienti:

- 1 cucchiaio di olio d'oliva
- 1 cucchiaio di succo di limone
- 1 cucchiaio di origano secco
- 1 spicchio d'aglio, tritato
- 2 petti di pollo disossati senza pelle
- 1 pomodoro, tagliato a dadini
- 1/4 tazza di olive nere
- 2 tazze di caffè d'orzo, cotto
- 1/2 tazza di spinaci
- 1 cucchiaino di basilico fresco, tritato
- 1 cucchiaino di rosmarino fresco tritato

Preparazione:

Unire l'olio, il succo di limone, l'origano e l'aglio. Versare sopra il pollo. Mettere in frigorifero per 30 minuti.

In una padella a fuoco medio, mettere il pollo. Cuocere il primo lato fino a farlo diventare marrone, e poi girarlo. Durante la cottura del secondo lato aggiungere i pomodori e le olive. Mescolare delicatamente senza sfasciare il pollo. Una volta che il pollo è cotto per bene, toglierlo dal fuoco.

In un'altra padella, aggiungere orzo, spinaci, basilico e rosmarino. Cuocere fino a quando gli spinaci sono appassiti e il caffè d'orzo assorbito. Versare sul piatto da portata. Coprire con pollo, pomodoro e olive.

Calorie totali: 675

Vitamine: Vitamina B6 1.4mg, Vitamina K 70µg

Minerali: Fosforo 569mg, Selenio 97mg, Zinco 3mg, Tiamina 0.6mg, Riboflavina 0.5mg, Niacina 30mg, 189mg di Colina

Zuccheri: 3g

41. Insalata tiepida con limone e cavolo

L'accoppiamento di cavolo e limone crea una potente combinazione di cibo. Non solo l'equilibrio del limone stimola il sapore audace del cavolo, ma unisce il ferro con la Vitamina C. Questa coppia rende migliore l'assorbimento delle sostanze nutritive permettendo al corpo di ottenere tutti i vantaggi da entrambi i supplementi.

Ingredienti:

- 1 cucchiaio di olio d'oliva
- 1/2 tazza di zucchine a dadini
- 1/2 tazza di melanzane a dadini
- 1/2 tazza di pomodoro a dadini
- 3 tazze di cavolo, tritato
- 1 tazza di spinaci, tritati
- 1/2 tazza di noci, tritate
- 1 cucchiaio di miele
- 2 cucchiai di succo di limone

Preparazione:

In padella, scaldare l'olio d'oliva. A fuoco medio, aggiungere zucchine, melanzane e pomodoro. Cuocere a fuoco lento.

Unire cavoli e spinaci mescolandoli insieme e dividendoli poi tra le ciotole. Cospargere con zucchine e noci.

In una piccola ciotola, sbattere insieme il miele e il succo di limone. Versare sopra l'insalata e servire.

Calorie totali: 521

Vitamine: Vitamina A 340µg, Vitamina B6 1 mg, Vitamina C 78mg, Vitamina K 431µg

Minerali: Magnesio 116mg, Fosforo 404mg, 50 microgrammi di Selenio

Zuccheri: 8g

ALTRI TITOLI DI QUESTO AUTORE

42 Ricette Naturali Contro Il Cancro Alle Ovaie: Dai Al Tuo Corpo Gli Strumenti Necessari Per Proteggere E Guarire Se Stesso Dal Cancro

Di

Joe Correa CSN

50 Soluzioni Alimentari Per L'alito Cattivo: Sbarazzati Di Questo Fastidioso Problema In Pochi Giorni

Di

Joe Correa CSN

48 Ricette Potenti Che Ti Aiutano A Controllare La Pressione Arteriosa Alta: Una Soluzione Naturale Per L'ipertensione Senza Pillole O Medicine

Di

Joe Correa CSN

54 Ricette Per Diabetici Per Controllare La Tua Condizione, Naturalmente: Scelte Alimentari Sane Per Tutti I Diabetici

Di

Joe Correa CSN

www.ingramcontent.com/pod-product-compliance
Lightning Source LLC
Chambersburg PA
CBHW070156080526
44586CB00015B/2011